THOMAS BREZINA

ERWECKE DIE *Glückskraft* DER KINDER IN DIR

»

WIR KÖNNEN NICHT WIEDER WERDEN WIE DIE KINDER. WIR KÖNNEN ABER *neue Lebensfreude* VON IHNEN LERNEN.

«

EIN WORT ZUVOR

Kinder besitzen eine Glückskraft, die angeboren ist, so wie die Augenfarbe oder der Fingerabdruck. Sie verstehen diese Glückskraft vom ersten Tag ihres Lebens an zu nutzen.

Kinder machen etwas anders und besser als Erwachsene. Sie sind niemals erschöpft, höchstens zum Umfallen müde. Sie erleiden im Spiel auch kein Burn-out, und das liegt nicht an der Art der Tätigkeit, sondern an ihrem Zugang zum Spiel, den sie instinktiv wählen.

Wer übrigens denkt, das Leben als Kind wäre einfacher und daher auch glücklicher als das Erwachsenenleben, übersieht die Herausforderungen, denen ein Kind gegenübersteht. Jeder Tag, jede Tätigkeit, jede Begegnung ist zuerst einmal neu. Kinder können nicht auf Erfahrungen zurückgreifen wie Erwachsene, sie müssen erst einmal lernen, mit allem umzugehen. Aus der Perspektive eines Kindes erscheint die Welt oft überwältigend groß. Das Leben ist weder frei von Angst noch von Problemen oder Schwierigkeiten.

In der Kindheit sind Neugier, Staunen, Direktheit, Offenheit, herzliches Lachen, das Versinken in Tätigkeiten, bedingungslose Liebe, aber auch Tränen, die den Kummer lösen, ein selbstverständlicher Teil des Lebens.

Die Quelle der Lebensfreude in uns

In jedem Menschen befindet sich eine ureigene innere Quelle der Lebensfreude, die bei jedem so verschieden ist wie der Fingerabdruck. Diese Quelle ist von Anfang an vorhanden und sie beginnt zu sprudeln, wenn sie mit den richtigen Gefühlen und Eindrücken gespeist wird.

Was für uns richtig ist, spüren wir in den ersten Lebensjahren intuitiv. Selbst wenn wir noch nicht sprechen und analytisch denken können, fühlen wir, was uns anzieht, was uns glücklich macht und was uns Freude bereitet. Wir müssen darüber nicht lange nachdenken.

Betrachten wir unser Leben als Erwachsene, könnte man meinen, diese Quelle des Glücks wäre im Laufe der Jahre verloren gegangen. Aber ist sie das wirklich?

Dieses Buch soll für dich eine Reise sein. Das Ziel ist deine ureigene Quelle der Lebensfreude. Du kannst dabei das Kind näher kennenlernen, das für dich als Erwachsenen wertvolle Ideen und Ratschläge bereithält. Entdecke deine Glückskraft, aktiviere sie und setze sie jeden Tag ein.

Die Glückskraft, die du seit
deiner Geburt in dir hast,
ist wie die Sonne.
Selbst wenn sich dichte Wolken
vorschieben,
scheint sie weiter.

Impuls
1
ÜBUNG

WER BIST DU HEUTE?

Die folgenden Fragen sollen eine liebevolle Bestandsaufnahme sein. Entscheide dich ganz spontan, ohne viel nachzudenken, für Ja oder Nein.

Lache ich genug im Alltag?

◯ JA ◯ NEIN

Ist mein Leben anstrengend?

◯ JA ◯ NEIN

Ist mein Alltag zu ernst geworden?

◯ JA ◯ NEIN

Habe ich Freizeitbeschäftigungen, die sich wie Spiel anfühlen?

◯ JA ◯ NEIN

Ist meine berufliche Tätigkeit für mich erfüllend?

◯ JA ◯ NEIN

Mache ich manches, weil MAN das so tut?

◯ JA ◯ NEIN

Habe ich Träume meiner Kindheit als Erwachsener verwirklicht?

◯ JA ◯ NEIN

Bin ich heute so glücklich, wie ich es als Kind war?

◯ JA ◯ NEIN

Bin ich heute glücklicher, als ich es als Kind war?

◯ JA ◯ NEIN

Wäre das Kind, das ich einmal war, stolz auf mich als Erwachsener?

◯ JA ◯ NEIN

Impuls

2

DENKANSTOSS

Die Wirkung der Glückskraft

Wenn wir uns der Glückskraft bewusst werden, die seit Kindertagen in uns steckt, und wenn wir dafür sorgen, dass die Quelle der Lebensfreude wieder stärker zu sprudeln beginnt, wird sich für uns einiges ändern.

- Die Glückskraft kann uns zu neuer Leichtigkeit verhelfen, wenn wir das Leben nur noch als anstrengend und ernst empfinden.
- Wir können unseren Alltag mit mehr Fröhlichkeit erfüllen – Kinder zeigen uns Möglichkeiten, die nichts kosten, aber viel bringen.
- Unsere ureigene Glückskraft kann richtungsweisend sein bei der Suche nach einer Tätigkeit, die uns wirklich erfüllt.
- Unsere Erinnerungen bewirken, dass wir Gefühle wie Liebe, Geborgenheit, Zuneigung stärker in uns empfinden.

»

DIE GLÜCKSKRAFT DER KINDER IN UNS ZU ENTDECKEN UND ZU TRAINIEREN *ist so wichtig* WIE ZU LAUFEN ODER EIN FITNESSSTUDIO ZU BESUCHEN.

«

Impuls

3

GESCHICHTE

DIE GLÜCKSKRAFT ALS KOMPASS

Die Glückskraft der Kinder ist mit einem Kompass zu vergleichen. Im Kleinkind, das instinktiv seinen Gefühlen folgt, wirkt dieser Kompass als innere Steuerung. Er lenkt das Kind in die Richtung und zu den Lebewesen, Gegenständen und Erlebnissen, mit denen es sein Glücksgefühl am stärksten erleben kann.

Die Kompassnadel kann im Laufe der Jahre durch Störfelder in unserer Erziehung, in der Schule und durch verletzende Erfahrungen einen Teil ihrer Magnetkraft einbüßen. Wenn wir die Glückskraft der Kinder in uns wieder stärken, magnetisieren wir damit die innere Kompassnadel. Sie wird uns in vielen Bereichen des Lebens die Richtung zu Glück und Erfüllung zeigen. Uns Erwachsenen dient der Kompass als Orientierung, er weist uns den Weg, wie wir in Einklang mit uns und unserer Umwelt gelangen. Er hilft uns, zu finden, was uns lächeln lässt und mit Begeisterung erfüllt.

Offenheit und Feingefühl sind Schlüssel zur inneren Truhe, in der unser Glückskompass liegt. Um ihn wieder voll funktionstüchtig zu machen, ist eine Reise durch schöne Erinnerungen hilfreich. Das Startsignal lautet:

Ich will die Glückskraft in mir neu entdecken!

Impuls
4
ÜBUNG

Die Entdeckungsreise

Je besser wir uns zurückerinnern, desto stärker wird die Verbindung zur Glückskraft in uns. Manche Teile unserer Kindheit liegen vielleicht wie in einem Nebel und wollen entdeckt werden.

Wir können viel von dem Kind lernen, das wir einmal waren.

DAS KIND, DAS ICH WAR

Nimm dir etwas Zeit und beantworte die folgenden Fragen. Die Erfahrung ist intensiver, wenn du die Antworten aufschreibst. Wenn du magst, kannst du den Fragebogen mit deinem Partner oder deiner Partnerin ausfüllen. Das ist ein besonderes Erlebnis, da es vielleicht Neues über den Menschen zu erfahren gibt, mit dem man durch das Leben geht.

Mein liebstes Kuscheltier:

Mein liebstes Spiel im Freien:

Mein liebstes Spiel drinnen:

Das habe ich gerne gezeichnet:

Impuls
4

Meine beste Freundin / mein bester Freund von damals:

Darum mochte ich sie/ihn so gerne:

Das schönste Geschenk, das ich als Kind bekommen habe:

Meine Lieblingsspeise als Kind:

Ein guter Geruch meiner Kindheit:

Wenn ich an mein Kinderzimmer denke, fällt mir ein:

Das mochte ich in der Schule gerne:

Das war mein Spitzname:

In diesen Momenten habe ich mich richtig gut gefühlt:

In diesen Momenten habe ich mich richtig schlecht gefühlt:

Trage ich ein Geheimnis aus meiner Kindheit in mir? Welches?

»

Respekt und Liebe

FÜR DAS KIND, DAS WIR EINMAL WAREN, BRINGEN ZUGANG ZU DER INNEREN GLÜCKSKRAFT.

«

Impuls 5 DENKANSTOSS

Auslöser für Erinnerungen

Auch wenn die Sommertage sonnig sind, kommt wenig Freude auf. Die Tage im Büro sind lang, die Arbeit ist anstrengend. Der Urlaub ist noch Wochen entfernt. Abwechslung bringt ein gemütlicher Sommerabend im Freundeskreis.
»Als Kind bin ich in den großen Ferien immer nur barfuß herumgelaufen«, erzählt jemand.
Dieser Satz ist ein Auslöser für eigene Erinnerungen.

Nackte Füße. Das taunasse Gras unter den Sohlen. Der heiße Asphalt. Der Bienenstich. Das Brennen am Zeh. Der Trost. Das kalte Wasser aus dem Schlauch. Das Spielen an den langen Abenden. Bis in die Nacht hinein aufbleiben dürfen.

Die Freude von damals wird wieder fühlbar. Es ist wie eine verborgene Tür, die geöffnet wurde.

Impuls
6
GESCHICHTE

VIELLEICHT …

Vielleicht gefällt uns nicht alles an uns als Kind.
Vielleicht schämen wir uns für etwas von damals.
Vielleicht ist uns etwas an unserer Kindheit peinlich.
Vielleicht verzeihen wir uns etwas noch nicht,
was wir damals getan haben.
Vielleicht lieben wir nicht alles an uns.

Wenn wir das Kind erforschen, das wir einmal waren, tauchen manchmal eigenartige Gefühle auf. Einige Dinge, die uns als Erwachsene an uns selbst stören und uns am Weiterkommen hindern, haben mit Verletzungen zu tun, die wir in der Kindheit erlebt haben, sagen Experten.

Ein Beispiel aus meinem Leben

Im Alter von ungefähr zehn Jahren war ich ein wenig pummelig. Nicht übergewichtig, aber ich hatte eben Bauchspeck und bin deshalb als »Fettschwabbi« verspottet worden. Der Vater von Kindern, mit denen ich manchmal gespielt habe, ließ einmal die Bemerkung fallen: »Der Thomas ist auch schon wieder dicker geworden.«

Die Folge: Esse ich heute etwas mehr, habe ich sofort ein schlechtes Gewissen. Ich nörgle an mir und meiner Figur gerne herum. Dabei habe ich mit 63 Kilogramm bei einer Größe von 1,76 Metern ein ganz normales Gewicht. Von außen betrachtet ist meine Nörgelei nicht verständlich und eigentlich skurril.

Seit ich die Zusammenhänge mit den Kränkungen in meiner Kindheit kenne, nehme ich mein Gewicht und meine Gedanken dazu wesentlich leichter. Ich weiß, dass meine »Schuldgefühle« von heute nichts mit Tatsachen, sondern eben mit Worten zu tun haben, die mich damals als Zehnjähriger getroffen haben. Mein Erwachsenenleben ist durch diese Erkenntnis leichter geworden.

Impuls
7
DENKANSTOSS

Freundschaft mit dem Kind schließen, das wir waren

An Menschen, mit denen wir befreundet sind, mögen wir in den seltensten Fällen alles. Es kann Charakterzüge geben, die uns aufregen und stören. Weil wir aber viele andere Seiten des Menschen schätzen, akzeptieren wir die »negativen« Eigenschaften und sehen sie als einen Teil von ihm, dem wir keine große Bedeutung geben.

Mit dem Kind, das wir einmal waren, sollten wir es genauso machen. Es gibt an uns so viel zu lieben und zu bewundern, ganz besonders unsere Einzigartigkeit. Was wir weniger mögen, sollten wir einfach zur Kenntnis nehmen, ohne ständig darüber nachzudenken und uns zu kritisieren.

Das Kind, das wir waren,
ist ein **Einzelstück**.
Und wir sind es heute auch.
Das ist ein Grund,
um stolz zu sein.

Die Glückskraft der Kinder
ist **in jedem**
von uns zu finden,
egal, wie schön oder schwer
unsere Kindheit war.

Impuls

8

DENKANSTOSS

EIN LÄCHELN FÜR UNS

Das Kind, das wir einmal waren, hat ein herzliches, inniges Lächeln von uns verdient. Mir hat die Vorstellung geholfen, das Kind, das ich war, in den Arm zu nehmen, es zu halten und mit ihm zu lachen. Haben wir wieder guten Kontakt zu dem Kind, das wir einmal waren, halten wir auch den Kompass der Glückskraft in der Hand. Seine Nadel hat wieder die Kraft, uns als Erwachsene in Richtungen zu führen, wo die Lebensfreude liegt.

» *Naiv ist es zu glauben,* DASS DAS LEBEN NUR MIT GROSSEM ERNST UND KAMPF ZU BEWÄLTIGEN SEI.«

Impuls
9
ÜBUNG

Erinnerungsreise mit Fotos

Fotos von früher anzuschauen, hilft uns bei der Reise durch unsere Kindheit.

Du kannst deine Fotoalben von früher durchblättern, aber noch besser ist es, wenn du deine Eltern, Verwandten oder Freundinnen und Freunde darum bittest, Bilder auszuwählen. Diese Bilder können uns an glückliche Momente erinnern, die uns selbst vielleicht gar nicht mehr bewusst sind.

- → Drucke die Fotos aus oder lege auf dem Handy oder dem Tablet ein Fotoalbum an.
- → Nimm dir etwas Zeit und schau ein Bild nach dem anderen an.
- → Lasse die Erinnerungen hochsteigen.

Besonders wichtig ist es, zu fühlen, wann wir als Kind tiefe Freude, Zufriedenheit und Erfüllung gefunden haben. Beschäftige dich mit diesen Erinnerungen besonders ausführlich – wenn du magst, schreibe auf, was dir dazu einfällt.

- ➜ In welchen Momenten war das?
- ➜ Was habe ich damals getan?
- ➜ Wer waren die Menschen um mich herum?
- ➜ An welchen Orten ist es geschehen?

Impuls 10 Geschichte

MEINE EIGENE ERINNERUNGSREISE

Mein Vater war ein begeisterter Fotograf. Nach dem Tod meiner Eltern habe ich in ihrem Haus ganze Schränke voll mit Fotoalben gefunden. Irgendwann habe ich begonnen, in den Alben zu blättern. Ich suchte nach Kinderfotos von mir, die ich auf Instagram posten konnte.

Daraus wurde eine Zeitreise durch meine Kindheit, die zu einer wichtigen Erkenntnis über mich führte.

Mein Leben als Schriftsteller hat zu einer hohen Sensibilität geführt und es gab immer wieder Phasen der Traurigkeit. In mir ist das Bild entstanden, dass ich trotz großer Erfolge nicht wirklich glücklich bin. Als Autor von Kinderbüchern fühlte ich mich manchmal nicht ernst genommen, oft suchte ich nach Bestätigung und Anerkennung.

Die Fotos von mir im Alter von fünf und sieben Jahren haben meine Sichtweise auf mich gründlich verändert. Beim Betrachten spürte ich in mir wieder dieses Strahlen, diese tiefe Freude. Das begeisterte Kind von damals war also immer noch da.

Heute sehe ich mir diese Fotos gerne an, wenn ich niedergeschlagen bin. Die Glückskraft des kleinen Thomas, der andere Menschen oft zum Lachen gebracht hat, der voller Fantasie steckte und sie schon damals in Geschichten ausgedrückt hat, war immer in mir. Der Ernst des Lebens und der Leistungsdruck, den ich mir oft selbst auferlegt habe, waren die Wolken, die sich vor meine innere Sonne geschoben hatten.

Als ich die Fotos von mir mit meinem Papiertheater und meiner Bauchrednerpuppe gefunden habe, war es mir im ersten Augenblick peinlich. Ich war als Kind anders, ein Außenseiter. Was mich begeisterte, wurde von Gleichaltrigen und auch von Erwachsenen belächelt.

Doch nun habe ich auf einmal die Begeisterung meiner Kindheit wieder gefühlt. Meine Leidenschaft, Geschichten zu erzählen, hat sich schon damals gezeigt, sie war immer da. Das war für mich das Wichtigste an der Erinnerung.

Heute steht für mich die Glückskraft des Schreibens an erster Stelle. Ich bin unendlich dankbar, dass ich diese Glückskraft voll entfalten konnte und sie zu meinem Beruf geworden ist. Kinderfotos von mir poste ich auf Social Media oft mit dem Hinweis, wie wichtig es ist, seiner Begeisterung zu folgen und sich nicht durch die Meinung anderer aufhalten zu lassen.
Das Thema Lebensfreude zieht sich heute durch meine Arbeit für Erwachsene. Ich möchte weitergeben, was ich erkannt habe, was ich anwende und was mir hilft. Einer der wichtigsten Punkte ist dabei die Erkenntnis über die Glückskraft aus meiner Kindheit und was sie heute in mir bewirkt.

Impuls

11

GLÜCK

Glücksmomente für jeden Tag

Wenn wir glückliche Momente unserer Kindheit dem heutigen Leben gegenüberstellen, gibt es Aha-Erlebnisse und die Möglichkeit zu neuer Freude.

Urlaubsbeginn

—— **Heute:** Mürrische Gesichter im Flugzeug zum Ferienort. Gestresstes Seufzen. Stöhnen über Hitze. Schimpfen, weil nicht alles so ist, wie es geplant war.

—— **Glücksmoment der Kindheit:** Die Freude über den ersten Ferientag. Die Aufregung vor einer Reise. Das Entdecken des Urlaubsortes.

Impuls 11

Geburtstag

Heute: Jammern, dass wieder ein Jahr vergangen ist. Übertriebenes Feiern, das mit einem Kater und Kopfschmerzen endet. Stöhnen über alles, was man (scheinbar) verpasst hat.

Glücksmoment der Kindheit: Endlich ein Jahr älter und größer. Ein neuer Lebensabschnitt beginnt. Neue Möglichkeiten. Torte, Geschenke, Freude …

Weihnachten

—— **Heute:** Stress. Erschöpfung am Heiligen Abend. Hektisch den Baum schmücken.

—— **Glücksmoment der Kindheit:** Vorfreude. Aufregung. Ungeduld. Das Glitzern des Weihnachtsbaumes, das uns aber egal ist, weil wir endlich die Geschenke öffnen wollen.

Impuls
11

Kastanien im Herbst

—— **Heute:** Schimpfen, wenn sie zertreten auf dem Gehsteig liegen. Ermahnungen an Kinder, nicht damit zu schießen. Da man sie nicht essen kann, scheinen sie keinen Nutzen zu haben.

—— **Glücksmoment der Kindheit:** Die ersten Kastanien aufheben und in die Schule mitnehmen. Der Herbst ist da. Basteln mit Kastanien. Der Kastanienbohrer. Zahnstocher in Kastanien stecken.

Pfützen

—— **Heute:** Stilles Fluchen, weil man drum herumgehen muss oder hineingetreten ist und Spritzer abbekommen hat.

—— **Glücksmoment der Kindheit:** In Gummistiefeln mit beiden Beinen gleichzeitig reinspringen, dass das Wasser nur so spritzt.

Impuls
11

Lachen

—— **Heute:** Lachen über andere, über bissige Kommentare und im Kabarett. Lachen aus Schadenfreude.

—— **Glücksmoment der Kindheit:** Lachen beim Fangenspielen. Lachen, wenn man gekitzelt wird. Lachen, weil uns etwas komisch erscheint, das niemand sonst so sieht.

Am Meer

—— **Heute:** Ärger über zu viele Leute am Strand, die Temperatur des Wassers und die defekte Süßwasserdusche.

—— **Glücksmoment der Kindheit:** Über die Wellen springen. Von den Wellen geschaukelt werden. Sandburgen bauen.

Impuls
11

Eisessen

—— **Heute:** Gedanken über die vielen Kalorien.

—— **Glücksmoment der Kindheit:** Die neue Eissorte ausprobieren. Tropfen weglecken, wenn das Eis zu schnell schmilzt. Weinen, weil die Eiskugel auf den Boden gefallen ist. Freude über ein neues Eis.

»

DAS GLÜCK DER KINDHEIT KÖNNEN WIR IN SO VIELEN MOMENTEN VON HEUTE *zu neuem Leben* ERWECKEN.

«

Impuls 12 GESCHICHTE

GLÜCKSKRAFT TROTZ SCHWERER KINDHEIT

Die Glückskraft des Kindes erlischt nie. Sie kann nur vom Schutt der Jahre bedeckt sein. Es ist möglich, diese Schicht zu lockern oder sie zu entfernen.
Die entscheidende Frage lautet: Bin ich bereit, die schlechten Erfahrungen in meiner Kindheit zu akzeptieren, zu verzeihen und loszulassen?

Ein Beispiel aus meinem Umfeld: Leon und seine Schwestern

Leon ist der Älteste von drei Kindern, seine Schwestern Lara und Veronika sind ein Jahr beziehungsweise zwei Jahre jünger. Der Vater verließ die Familie, als die Kinder noch Babys waren. Das Jugendamt sah die Mutter nicht als fähig an, ihre Kinder großzuziehen. So sind alle drei in Heimen aufgewachsen.
Als Leon dreizehn Jahre alt war, konnte er mit seinen Schwestern eineinhalb Jahre bei der Mutter leben. Deren damaliger Freund war eifersüchtig auf Leon und schnitt mit der Schere Löcher in seine Hemden. Am Abend schaute sich die ganze Familie gemeinsam Pornofilme an. Statt den gewünschten Sport-

schuhen bekam Leon zum Geburtstag Bauarbeiterschuhe mit Stahlkappen, weil sie länger halten würden. Die Liste der Enttäuschungen und Verletzungen ist lang. Schließlich kamen die Geschwister wieder in ein Heim.
Mittlerweile sind Leon und seine Schwestern Anfang fünfzig und haben nach wie vor engen Kontakt. Ein großes Gesprächsthema ist bis heute die Unfähigkeit ihrer Mutter. Eine Schwester erwähnt oft, dass sie nach diesen Kindheitserfahrungen von ihrem Leben nicht so viel erwarten kann. Auch die andere Schwester gibt dieser Zeit die Schuld an Schwierigkeiten, mit denen sie heute kämpft.

Im erwachsenen Leon konnte sich die angeborene Glückskraft des Kindes entfalten.

Leon war lange Zeit voller Hass auf seine Mutter. Doch eines Tages erkannte er, dass die Narben von damals sein Leben als Erwachsener beeinträchtigen, und er suchte einen Therapeuten auf. Nach einigen Monaten Gesprächstherapie, in der er sich intensiv mit seiner Kindheit auseinandersetzte, kann er heute mit seiner Vergangenheit wesentlich besser umgehen.

Die Glückskraft, die Leon angeboren ist, konnte sich in ihm entfalten, als er erwachsen war. Er kann sich am Anblick des Mondes erfreuen und ist voller Neugier. Er mag Ehrlichkeit und gibt gerne Liebe, sowohl Menschen als auch Tieren. Es steht keine Bitterkeit mehr im Weg.

Leon ist stilbewusst, er schätzt Porzellan und den typisch englischen Afternoon Tea. Er kann sich daran erinnern, als Kind im Heim eine einzelne Porzellanteetasse besessen zu haben. Schon damals hat er selbst Tee zubereitet und auf seinem Zimmer stilvoll getrunken. Obwohl es in der Familie kein Vorbild dafür gab, waren ihm Benehmen und Manieren wichtig. Als Jugendlicher wäre er nie zu Besuch gekommen, ohne ein Gastgeschenk mitzubringen. Damals hat er seine Umgebung mit einfachen Dingen stilvoll gestaltet. Als Erwachsener begann er Antiquitäten zu sammeln und verwandelte seine Wohnung in eine Wunderkammer.

Nach der Schule musste Leon eine Bäckerlehre absolvieren. Viel Wahlfreiheit hatte er nicht. Später wurde er Koch, sammelte Erfahrungen, lernte viel und arbeitete schließlich in Spitzenrestaurants. Heute ist er Maler und verbringt jeden Tag viele Stunden in seinem Atelier, umgeben von liebevoll ausgewählten Kunstwerken und Objekten. Er ist von größter Bescheidenheit und weiß, was ihn glücklich macht.

Impuls
12

Die Schlüssel sind Loslassen und Verzeihen

Den Zugang zur Glückskraft, die Leon schon als Kind gegeben war, hat er vor allem durch Loslassen und Verzeihen erreicht. Er hat nicht aktiv nach dieser Kraft gesucht, sondern er wollte sich von der Last der schweren Kindheit befreien. Das ist ihm gelungen. Nach und nach hat er als Erwachsener sein Leben mit immer mehr Freude erfüllt. Freude, die ihre Wurzeln – trotz aller Probleme und schlimmer Ereignisse – in der Kindheit hat.

»

Die Glückskraft bleibt, AUCH WENN SIE VIELLEICHT EINE ZEIT LANG WIE IN EINEM TRESOR DER SCHLECHTEN ERINNERUNGEN EINGESCHLOSSEN IST.

«

Impuls

13

DENKANSTOSS

Glückskräfte der Kinder, die wir als Erwachsene wieder stärken können

Alle diese Eigenschaften von Kindern geben der Nadel unseres inneren Glückskompasses Kraft und neuen Schwung.

- **Staunen** – Begeisterung für die Dinge
- **Direktheit, Offenheit** – ehrlich sagen, was man denkt
- **Fantasie** – sich die Welt erklären
- **Neugier** – Interesse für die Dinge
- **Bedingungslose Liebe** – ein Glücksmagnet, der Liebe in unser Leben zieht
- **Lachen** – hemmungslos Freude ausdrücken
- **Weinen** – befreiende Trauer, Tränen, die Kummer lösen
- **Langsamkeit** – wahrnehmen, was um uns herum geschieht

Impuls

14

GESCHICHTE

STAUNEN UND BEGEISTERUNG

So kann es staunenden Kindern ergehen

Leni ist fünf Jahre alt. Sie treibt ihre Kindergärtnerin regelmäßig zur Verzweiflung, weil sie jedes Tier beobachtet. Egal, ob Regenwurm, Schnecke, Eichhörnchen oder Vogel, Leni bleibt stehen oder setzt sich hin und bestaunt das Lebewesen. Wenn zehn andere Kinder deswegen warten müssen, ist das verständlicherweise mühsam. Sind sie gerade auf der Straße unterwegs, kann es schwierig werden.

Die Kindergärtnerin hat Verständnis für Lenis Lust am Beobachten und Bestaunen. Trotzdem erklärt sie ihr, was es für andere bedeutet. Sie nimmt sich auch das Recht, Leni energisch aufzufordern weiterzugehen, wenn es sein muss. Leni ist darüber nur kurz sauer. Die Kindergärtnerin bringt ihr Spielregeln bei und lässt ihr trotzdem, so oft es geht, den Freiraum, ihrer Begeisterung nachzugehen.

Wer Ähnliches erlebt hat, kann sich glücklich schätzen. Die Kraft des Staunens kann sich auch im späteren Leben entfalten.

Impuls
14

Marvin ist vier und liebt Wasser. Wasser ist das Element, das ihn zum Staunen bringt. Damit ist aber weder Schwimmen noch Bootfahren gemeint. Marvin staunt über Wasser, das in die Badewanne einläuft. Sitzt er in der Wanne, schlägt er mit der flachen Hand auf die Wasseroberfläche, um auszuprobieren, wie fest es sich anfühlt. Er mag Regen und beobachtet ihn gerne durch das Fenster. Besonders gerne steht er unter einem Regenschirm. Er staunt über das Trommeln der Tropfen. Im Winter gefallen ihm besonders Raureif und Eis. Als er auf dem kleinen Vorplatz vor dem Haus an einem Wintertag herumrutschen konnte, war er besonders begeistert.
Sein Staunen wird aber von den Eltern als Unart gesehen. Er soll nicht mit Wasser spritzen. Im Regen holt er sich nur eine Verkühlung, wird er ermahnt. Seine Begeisterung am Glatteis wird als gefährliche Dummheit bezeichnet.
Mit der Zeit gewöhnt sich Marvin das Staunen und Ausprobieren ab.
Genau wie viele andere Menschen, die als Kinder Ähnliches erleben.

» DIE *persönliche* *Glückskraft* IST WIE DER FINGERABDRUCK UNSERER SEELE. «

Impuls
15
ÜBUNG

Die Glückskraft des Staunens

*Wie gut bist du heute im Staunen?
Wie oft erlebst du, dass dir die Augen übergehen,
der Mund offen steht oder du einfach nur still wirst
und die kleinen und großen Wunder, die wir selbst
im Alltag entdecken können, wirken lässt?*

MEIN STAUNEN ALS KIND

Wie sehr habe ich gestaunt? (Auf einer Skala von 0 bis 10)

Wie sehr durfte ich staunen? (Auf einer Skala von 0 bis 10)

Worüber habe ich gestaunt?

Erwachsene rund um mich haben mein Staunen … (gefördert, mit Interesse verfolgt, belächelt oder sogar verboten)

Impuls 15

DER ERWACHSENE, DER ICH HEUTE BIN

Staune ich genug im Leben oder zu wenig?
(Auf einer Skala von 0 bis 10)

Nehme ich mir Zeit zu staunen?
Ja, manchmal oder nein?

Worüber staune ich?

Mit wem staune ich gerne gemeinsam?

»

ALS ERWACHSENE MÜSSEN WIR DAS *Staunen* MANCHMAL VON NEUEM LERNEN UND UNS ZEIT DAFÜR NEHMEN.

«

Impuls

16

STAUNEN

STAUNEN IST WIE EINE MILCHKANNE

Kinder mit einem energischen »Jetzt komm endlich!« weiterzuziehen, wird nach und nach die Lust am Staunen beschädigen. Genauso wie die arrogante Frage: »Was gibt's denn da zu schauen?« Es tut weh, wenn man für das Staunen belächelt wird.

Vergleichen wir das Staunen mit einer alten Milchkanne, in der früher die frische Milch vom Bauernhof nach Hause getragen wurde. Abfällige Bemerkungen schlagen Dellen in das Metall. Sind wir irgendwann erwachsen, fällt uns das Staunen vielleicht schwer. Wir empfinden vieles als selbstverständlich und übersehen die Wunder und die Schönheit um uns herum.

Die Milchkanne des Staunens wurde uns aber nicht geraubt. Sie wurde auch nicht zerstört, sondern nur beschädigt. Wir müssen nicht einmal die Dellen ausklopfen.

Auch eine verbeulte Milchkanne kann eine Menge Milch aufnehmen. Mit dem Staunen verhält es sich genauso.

Die Kraft des Staunens steckt ein Leben lang in uns. Wer aber alles als selbstverständlich nimmt und abgestumpft durch die Welt geht, der übersieht die Wunder, die uns umgeben. Wir atmen, ohne daran denken zu müssen. Unser Herz pumpt jeden Tag eine riesige Menge an Blut durch unseren Körper – sie entspricht dem Inhalt von 50 Badewannen. Wir können darüber die Achseln zucken, doch Staunen fühlt sich doch viel schöner an.

Impuls 16

Staunen braucht Zeit

Eine beliebte Ausrede der Erwachsenen lautet: »Ich habe so viel zu tun und kann nicht einfach herumstehen und staunen.« Hand aufs Herz, wie viel Zeit am Tag verbringst du mit dem Handy? Mit sinnfreiem Surfen im Internet? Mit Scrollen durch Social-Media-Posts?

Die Frage ist, ob wir uns Zeit für das Staunen nehmen WOLLEN.

Wir müssen nicht stundenlang etwas anstaunen. Kurz innehalten und etwas bewusst ansehen – das ist der wichtigste Schritt.

Staunen …

… über den Wechsel der Jahreszeiten und die Veränderung, die die Natur erfährt. Das gibt mehr Lebensfreude als Jammern über zu viel Regen im Frühling, die Hitze im Sommer, den Wind im Herbst oder die grauen Tage im Winter.

Staunen …

… über all das, was Menschen im Laufe der Jahrhunderte gebaut und erfunden haben, was unser Leben einfacher macht. Das erfüllt mit Begeisterung und ist besser, als über technische Probleme mit Haushaltsgeräten zu schimpfen.

Staunen …

… über die Fortschritte in der Medizin, statt über die Schwächen des Gesundheitssystems zu klagen. Staunen, welche Heilungen heute möglich sind. Staunen, welches Alter wir heute erreichen können. Vor hundert Jahren war das noch ganz anders.

Staunen …

Was bringt dich zum Staunen?

Impuls
17
STAUNEN

Einfach zum Staunen

Jeden Tag fliegt uns eine Unmenge an Informationen um die Ohren. Viele stammen aus den Nachrichten und sind negativ. Es gibt die Meinung, neues Wissen, das wir erlernen, sollte immer »nützlich« sein. Dabei gibt es doch so vieles, was einfach nur staunen lässt. Staunen bringt Erholung in den Alltag.

1 Die Zunge eines Blauwals ist so schwer wie ein ausgewachsener Elefant.

2 Der Urknall soll sich vor 14 Milliarden Jahren ereignet haben. Um 14 Milliarden zu erreichen, müsstest du 22 Jahre deines Lebens ununterbrochen zählen.

3 Als die Erde entstand, drehte sie sich schneller als heute. Der Tag hatte weniger Stunden als heute.

4 Bambus kann an nur einem Tag mehr als einen Meter in die Höhe wachsen.

5 Die Haut eines Eisbären ist schwarz, damit sie die Energie der Sonne aufnehmen kann.

6 Die größte Blüte der Welt wird bis zu drei Meter hoch. Es ist die Titanwurz, die in Sumatra heimisch ist, aber auch in einigen botanischen Gärten in Europa bestaunt werden kann.

7 Pinguine stoßen ihren Kot so heftig aus, dass er fast einen halben Meter weit fliegt. Auf diese Weise halten sie ihr Nest sauber, ohne es verlassen zu müssen.

8 Leonardo da Vinci war auch Musiker und spielte eine Lyra mit Pferdeköpfen, die er selbst entwickelt hatte.

Impuls

18

GESCHICHTE

KAISERIN ELISABETH UND DER KINDERMUND

Kaiserin Elisabeth von Österreich – Sisi – galt lange als die schönste Frau der Welt. Sie verwandte sehr viel Zeit darauf, ihre Schönheit zu erhalten, vor allem als die Jahre auch an ihr nicht spurlos vorübergingen.

Die Kaiserin verwendete neben Cremes und Tinkturen, die eigens für sie gemischt wurden, zum Beispiel Gesichtsmasken aus Erdbeeren und schlief in eiskalten Räumen mit nassen Tüchern auf der Taille. All dies, um die Haut frisch zu halten und schlank zu bleiben.

Als sie älter wurde, verbrachte sie viel Zeit am Genfer See. In dem Hotel, in dem sie wohnte, kam einmal ein kleiner Junge auf sie zugelaufen. Sie lächelte ihn an und er lächelte zurück. Seine Großmutter erkannte, wer da vor ihm stand, und sagte

zu ihm: »Das ist die schönste Frau der Welt.« Ihr Enkel war von dieser Aussage wenig beeindruckt. Laut soll er erwidert haben: »Aber die hat ja lauter Runzeln im Gesicht.«

Die arme Kaiserin! In ihrem Kopf war sie immer noch die Sisi auf dem Gemälde, das sie mit knapp 30 Jahren zeigt.

Dem Jungen kann niemand einen Vorwurf machen. Er sprach die Wahrheit. Gelogen hat seine Großmutter. Sie hätte auch sagen können: »Das war einmal die schönste Frau der Welt.« Das erschien ihr aber wohl zu hart und unfreundlich gegenüber der Kaiserin.

Der kleine Junge fand die Kaiserin Elisabeth einfach nur sympathisch, weil sie ihn angelächelt hat. Das kleine Drama, das entstand, hat mit den Lügen von Erwachsenen zu tun, die sie sich aus Höflichkeit erzählen.

Impuls
19
DENKANSTOSS

Frisch heraus

Eine Redensart lautet:
»Kinder und Betrunkene sagen die Wahrheit.«
Lautet daher der Umkehrschluss:
»Nüchterne Erwachsene lügen.«?

EHRLICHKEIT IST ENTSPANNEND

Manchmal sagen Kinder Dinge, die ihre Eltern oder andere Erwachsene in diesem Moment auch dachten, aber niemals über die Lippen bringen würden. Das Lachen über den kindlichen Kommentar hat dann etwas Befreiendes.

Die Spielregeln der Höflichkeit und Taktgefühl haben unbestritten ihren Wert. Aber macht es uns glücklich, aus Höflichkeit mit zusammengebissenen Zähnen zu lügen?
Unser geregeltes Denken und Sprechen kann ermüdend sein. Ständig müssen wir alles filtern, bewerten und kategorisieren. Nicht selten verdrehen wir unsere Wahrnehmungen, damit sie so werden, wie »man denkt oder etwas sagt und tut«.
Ein Teil der Glückskraft der Kinder besteht in ihrer Direktheit und Offenheit.
Es gibt keinen Grund, sich für ehrliche Gedanken zu genieren. Wir könnten unsere Gedanken akzeptieren, selbst wenn wir sie für uns behalten, um andere nicht vor den Kopf zu stoßen.

Was bei Kindern als »frech«, »vorlaut« oder »unbeherrscht« bezeichnet wird, ist nicht selten das, was wir als Erwachsene denken.

Impuls
20
DENKANSTOSS

Gedanken, die uns gerne kommen

Ich darf das nicht so sehen.

Wieso eigentlich? Die Großmutter im Beispiel mit Kaiserin Elisabeth hat die Runzeln im Gesicht genauso gesehen wie ihr kleiner Enkel.

Ich darf es nicht eingestehen, wenn mir etwas nicht gefällt.

Wieso eigentlich nicht? Die Frage lautet nur: Will ich damit herausplatzen oder gehe ich diplomatisch damit um?

Ich darf nicht denken, dass mir ein Mensch einfach unsympathisch ist.

Insgeheim tun wir es doch ohnehin. Wir genieren uns aber vielleicht dafür.

Ehrlichkeit und Direktheit bringen eine andere Sicht auf uns selbst. Es geht darum, Tatsachen zu sehen und keine Brille der Illusion zu tragen. Unsere Erkenntnisse und Entscheidungen können auf diese Weise präziser und besser werden.

»

WAS ERLAUBE ICH MIR,
ÜBER MICH UND MEIN LEBEN
ZU DENKEN?
WIE WÜRDE ICH MICH
SELBST DURCH
Kinderaugen
sehen?

«

Impuls

21

ÜBUNG

Das Kind, das ich einmal war, als mein Ratgeber

Gehe in die Hocke und betrachte die Welt aus diesem Blickwinkel. Wie damals, als du so klein warst, dass du gerade über die Tischkante blicken konntest. Schau alles um dich herum von unten an und lasse es wirken. Setze dich danach hin, schließe die Augen und lasse in dir Antworten zu den folgenden Fragen aufsteigen.

Wie hätte
ich als Kind
den Erwachsenen,
der ich heute
bin, gesehen?

Hätte mir die-
ser Erwachsene
gefallen?

Wäre
ich als
Kind gerne zu
mir als Erwachse-
nem zu Besuch
gekommen?

Was
hätte ich
als Kind an
diesem Erwachse-
nen besonders
bewundert?

Impuls
22
FANTASIE

Die Glückskraft der Fantasie

In dem Buch »Der kleine Prinz« von Antoine de Saint-Exupéry erzählt der Pilot von einer Zeichnung, die er als Kind gemacht hat. Er hatte in einem Buch gelesen, dass Boas ihre Beute im Ganzen verschlucken, um sie danach monatelang zu verdauen. Nun zeichnete er eine Boa, die einen Elefanten verschluckt hatte, also die Schlange mit den Umrissen des Dickhäuters in der Mitte. Das Bild zeigte er Erwachsenen. Für sie war es die Zeichnung eines Hutes.

Fantasie von Kindern wird gerne belächelt und als niedlich empfunden. Das mag einer der Gründe sein, wieso Erwachsene oft fantasiearm bis fantasielos durchs Leben gehen.

- Ein leerer Verpackungskarton kann Schiff, Flugzeug, Helikopter, Rennauto oder sogar ein ganzes Haus werden.
- Kuscheltiere können lebendig erscheinen.
- Kinder erfinden manchmal unsichtbare Freundinnen und Freunde.
- Kinder träumen sich in abenteuerliche Welten hinein. Sie sehen sich als Prinzessin, Ritter, Pirat, Kobold, Elfe oder Drache, um nur eine kleine Auswahl zu nennen.
- Kinder erfinden unglaubliche Geschichten von Wesen, die unter ihrem Bett oder in Baumkronen hausen. Für sie können Wolken weinen und Gegenstände sprechen. Ein Filzstift wird zum Zauberstab, ein blauer Teppich zu einem See.

Mit Fantasie versuchen Kinder die Herausforderungen des Lebens zu bewältigen und die Welt zu erklären. Die Freude daran ist ihnen anzusehen und am Klang ihrer Stimme zu hören, wenn sie begeistert davon erzählen.

Impuls
23
ÜBUNG

Fantasie-Check

Habe ich fantastische Wesen im Wald oder in der Dunkelheit gesehen?
Was habe ich Fantastisches gezeichnet?
Was war mein liebster Tagtraum?

Impuls
24
FANTASIE

Fantasie vs. Realität

Erwachsene meinen manchmal, Fantasie gehöre ab einem bestimmten Alter in geregelte Bahnen gebracht. Ein klarer Blick auf die Realität wäre wichtiger.
Albert Einstein war anderer Meinung. Von ihm stammt ein wunderbares Zitat zum Thema Fantasie:

»Fantasie ist wichtiger als Wissen, denn Wissen ist begrenzt.«

Fliegen wie ein Vogel war eine Fantasie, die zur Wirklichkeit geworden ist. Der Weg dorthin bestand nicht nur aus Berechnungen, sondern hat viel Fantasie benötigt. Vor 150 Jahren wäre jeder Mensch belächelt worden, der unsere technischen und elektronischen Möglichkeiten von heute beschrieben hätte. Es wäre das gleiche überlegene Lächeln gewesen, das Kinder von Erwachsenen immer noch erleben.
Die Glückskraft der Fantasie kann nicht hoch genug eingeschätzt werden.
Sind wir unzufrieden im Leben und stellen wir uns die Frage, was wir ändern können, hilft Fantasie. Sie gibt uns die Kraft, einen anderen Blickwinkel einzunehmen. Außerdem können wir Möglichkeiten entdecken, auf die wir mit nüchternem Analysieren nicht gekommen wären.

Impuls
25
DENKANSTOSS

Das geht nicht!

Der Satz »Das geht nicht« ist oft zu hören,
er trifft aber in den seltensten Fällen zu.
Viel weiter bringt uns die Frage:

Was muss geschehen, damit etwas geht, also funktioniert oder möglich ist?

Für Antworten ist Fantasie nötig.
Je mehr wir uns erlauben zu träumen,
Grenzen zu durchbrechen und außerhalb
der üblichen Kästchen zu denken,
desto größer wird die Chance auf Erfolg.

»

DIE FANTASIE EINES KINDES WÄCHST, WENN ES SELTENER ›SO EIN UNSINN!‹ HÖRT. DIE FANTASIE EINES ERWACHSENEN WÄCHST, *wenn er nur eine Minute lang* ALLES FÜR MÖGLICH HÄLT.

«

Impuls 26 GESCHICHTE

DIE GLÜCKSKRAFT DER NEUGIER

Kinder, die alles genau wissen wollen, können Erwachsene zur Verzweiflung bringen. Vor allem, wenn ihnen die Antworten fehlen. »Frag mir keine Löcher in den Bauch«, wurde uns früher manchmal gesagt. Dabei liegt in den Fragen von Kindern ehrliches, offenes Interesse, und die Antworten sind auch für Erwachsene sehr interessant.

Meine eigene Erinnerung

Als meine Großmutter starb, war ich fünf Jahre alt. Nach ihrer Beerdigung hat mich beschäftigt, was im Sarg mit ihr geschieht. Daher habe ich meinen Vater, einen Arzt, ganz selbstverständlich gefragt, was von Oma nach ein paar Wochen noch übrig sei. Jemand muss mir gesagt haben, dass Würmer Tote aufessen. Daher wollte ich wissen, welche Würmer das sind und ob sie scharfe Zähne hätten. Und wie kommen sie eigentlich in den Sarg? Wird ein Loch für sie offengehalten? Ich fragte ihn, ob die Würmer Gänge durch die Leiche nagen und ob sie im Sarg kacken.
Meine Mutter wollte meinen Fragefluss stoppen. Mein Vater aber hat alles geduldig beantwortet. Auch wenn es sicherlich nicht sehr taktvoll war, ihm diese Fragen zu stellen.

Heute weiß ich, dass meine kindliche Direktheit und seine Offenheit mir damals sehr viel von den Schrecken des Todes genommen haben.

Neugier wie früher als Kind

Freie, uneingeschränkte Neugier auf das Leben, die Welt und alle Zusammenhänge weitet den Blick und lässt uns Dinge entdecken, die in keiner Schule unterrichtet werden. Vor allem gibt uns diese Neugier ein Gefühl von Lebendigkeit. (Damit ist allerdings nicht die Neugier auf Tratsch gemeint.)
Abgestumpft durch die Tage zu gehen ist so, als hätte die Spritze beim Zahnarzt unsere Augen, Ohren und unser Gehirn betäubt. Nichts berührt oder bewegt uns mehr. Gleichförmigkeit und Selbstverständlichkeit lassen die Wunder der Welt und des Lebens um uns herum verblassen. Wir verpassen dabei so viel und verzichten auf Freude.

Die Kraft der Neugier von Kindern bringt Dinge zum Leben

Manche Erwachsene schließen sich in Museen gerne Kinderführungen an, auch wenn sie keine Kinder haben. Was hier gezeigt und erzählt wird, hat eine andere Qualität als »normale« Führungen. Jahreszahlen und Stilepochen sind Kindern egal. Wer ihre Aufmerksamkeit möchte, muss sie faszinieren und begreifbar erklären können. Kunst und Geschichte wollen zum Leben erweckt werden.

So wurde auch in Schlössern und Burgen beobachtet, dass Erwachsene das Erlebnismuseum für Kinder interessanter fanden als die Originalzimmer. In diesen Räumen wird das Leben von damals nachgestellt und nachgespielt. Die Kinder können im wahrsten Sinne des Wortes erleben und begreifen, wie sich die Menschen früher gefühlt haben.

Was anfangs nur für Kinder gedacht war, wurde daher in vielen Schlössern und Burgen auf alle Räume übertragen. Die Zimmer wurden hergerichtet, als wäre dort nach wie vor jemand zu Hause und nur gerade rausgegangen.

Impuls 26

Umfragen haben gezeigt, dass die Erwachsenen die Besichtigung dadurch deutlich interessanter finden.
Als ich einen Kinder-Audioguide für den Wiener Stephansdom gestalten sollte, habe ich mit dem Team gesprochen, das Schulklassen führt. Die Guides haben mir Fragen verraten, die nur Kinder stellen.
Zum Beispiel: »Wie schwer ist der Dom?«
Es hat sich jemand die Mühe gemacht und eine Berechnung angestellt. Das Gewicht wird auf 35 000 Tonnen geschätzt. Diese Zahl kann sich weder ein Kind noch ein Erwachsener vorstellen. Begreifbarer wird sie, wenn man das Gewicht des Domes mit Elefanten vergleicht.
Der Stephansdom in Wien wiegt so viel wie 10 000 Elefanten. Das sind so viele Tiere, dass sie alle Gassen und Straßen der Wiener Innenstadt verstopfen würden.

Neugier führt zu tiefem Glücksgefühl, wenn sie mit Staunen befriedigt wird.

Welcher Erwachsene würde sich trauen, bei einer Führung durch einen Dom die Frage nach seinem Gewicht zu stellen? Gleichzeitig aber finden wir die Antwort und den Vergleich mit den Elefanten faszinierend.

Die ungeheure Menge an Steinen, die zum Bau eines Domes nötig ist, führt vor Augen, welche großartige Leistung Menschen vollbracht haben. Da kann ein Vortrag über Gotik oder Barock nur bedingt mithalten.
Die Neugier von Kindern lässt Theoretisieren nicht zu, sondern verlangt nach Lebendigkeit und Begreifbarkeit. Diese Form der Neugier ist eine Kraft, die in uns mehr auslösen und größeres Wissen hinterlassen kann als Zahlen, Daten, Fakten.

»

WER MEHR ÜBER DIE
Glückskraft
DER KINDER ERFAHREN WILL,
BEOBACHTET KINDER OHNE
DEN HOCHMUT DES
ERWACHSENEN.

«

Impuls

27

WEINEN

WEINEN ERLAUBT

Vor einiger Zeit saß ich in einem Vortrag. Es ging um die Bekämpfung der Kinderarmut in mitteleuropäischen Ländern. Der Vertreter einer Hilfsorganisation schilderte verschiedene Beispiele. Dabei kamen ihm die Tränen und er entschuldigte sich sofort. Neben mir hörte ich Leute darüber reden, dass der Mann »nahe am Wasser gebaut« sei. Mich persönlich hat seine tiefe Betroffenheit mehr berührt als die Grafiken, die präsentiert wurden.

Manche Menschen haben als Erwachsene ein eigenartiges Verhältnis zu Tränen und Trauer.

Entweder können sie nicht mehr weinen oder sie unterdrücken es mit aller Kraft, auch wenn sie in Trauer sind. In einigen Ländern gibt es deshalb Frauen und Männer, die das Trauern – oft sogar berufsmäßig – übernehmen. Sie beklagen lautstark und ausführlich den Verlust, sie lassen alle Emotionen heraus, sie vergießen Tränen, obwohl sie die Verstorbenen nicht gekannt haben. Verwandte können diese Ersatz-Trauer wie ihre eigene empfinden. Innere Blockaden können auf diese Weise gelöst werden, der Schmerz kann empfunden werden, das heilsame Weinen ist dann möglich.

Impuls
28
GESCHICHTE

Die Glückskraft der Tränen

Fällt einem kleinen Kind ein Spielzeug aus der Hand und geht es kaputt, heult das Kind los. Schlägt sich das Kind den Kopf an, folgt auf den ersten Schreck das Weinen. Hat das Kind Angst, fließen die Tränen. Wird dem Kind von einem anderen etwas weggenommen, wird geheult.

In den Tränen der Kinder steckt eine heilende Kraft.

Trauer schmerzt, daher wird sie lieber verdrängt. Verluste, ganz egal, ob von Dingen, Träumen oder lieben Menschen, werden aus vermeintlichem Selbstschutz übergangen.
Trauer berührt andere Menschen, das wollen viele nicht zulassen. Überhaupt werden Rührung und starke Emotionen als

Schwäche gesehen, wir wollen uns aber vor anderen nicht bloßstellen. Besser »stiff upper lip«, wie die Engländer sagen. Haltung bewahren in jeder Lebenslage.
Also unterdrücken wir, was in unserem Inneren los ist, und halten tapfer eine scheinbare Ungerührtheit aufrecht.

DIE KRAFT DER KINDERTRÄNEN

Verluste jeder Art tun weh und hinterlassen innere Wunden. Dieser Schmerz kann durch Trauer gelindert, die Wunden können geheilt werden.
Kinder lassen ihrer Trauer ganz natürlich freien Lauf. Bei ihnen beobachten wir, wie Tränen den inneren Schmerz wegspülen können. Lassen wir dem Kind die Zeit und gehen wir auf seine Trauer ein, wird es sich beruhigen, sein Gesicht entspannt sich, es lächelt und schließlich lacht es. Der Verlust ist bewältigt, das Spiel kann weitergehen. Der Schmerz wird danach nicht vielfach besprochen und immer wieder gewälzt. Die innere Wunde ist verheilt. Minuten später ist alles vergessen.

Impuls 28

Doch Erwachsene möchten dem Kind den Schmerz ersparen. Daher gibt es schnell Ersatz, Ablenkung oder etwas Süßes zum Trost. Was gut gemeint ist, gewöhnt uns das Trauern ab.
Außerdem bekommen wir beim Heranwachsen den Eindruck, dass Trauer anderen unangenehm ist. Daher vermeiden wir sie.
Die Trauer über einen Verlust – egal, ob es sich um einen Gegenstand, einen Wunsch, eine Vorstellung, eine Hoffnung, einen Menschen oder ein Tier handelt – hat heilende Wirkung, braucht aber Aufmerksamkeit und Zeit.

Als Erwachsene haben wir uns das Weinen oftmals abgewöhnt.

Wir können weder einem Kind noch uns oder lieben Menschen die Trauer ersparen.
Zu bestätigen, dass etwas Trauriges geschehen ist, und Verständnis zeigen, ist daher wesentlich besser als Sätze wie »Ist doch eh nicht so schlimm«, »Das wird schon wieder« oder »Jetzt reiß dich aber zusammen«.
So paradox es klingen mag: Tränen, wie wir sie als Kind geweint haben, können für den Erwachsenen neues Glück bringen.

»

KOMMEN UNS DIE TRÄNEN,
SOLLEN WIR SIE
fließen lassen.
IST DAS ANDEREN UNANGENEHM,
SO IST ES IHRE SACHE.
TRÄNEN SIND DIE NATÜRLICHSTE
REAKTION DER WELT.

«

Impuls
29
GESCHICHTE

DIE GLÜCKSKRAFT DER LANGSAMKEIT

»Keine Zeit!« ist als Begrüßung unter Erwachsenen fast häufiger geworden als »Guten Tag!« oder »Hallo!«. »Jetzt komm endlich!« ist eine Aufforderung, die sich Kinder oft anhören müssen. Dabei liegt Glückskraft in der Muße und der Erlaubnis zur Langsamkeit.

Das Geheimnis des Manny

Eine Familie wollte für ihre beiden Kinder ein Au-pair-Mädchen aufnehmen und wandte sich dafür an eine Agentur. Von dort kam der Vorschlag, es mit einem Manny zu versuchen. Damit ist das männliche Gegenstück zu einer Nanny gemeint.

Ein paar Tage später stellte sich ein möglicher Kandidat vor. Er war Student und hatte genug Zeit, um sich jeden Nachmittag und Abend um die Kinder zu kümmern.

Der Manny, nennen wir ihn Sven, war ein Mann Mitte 20. Er redete wenig und lächelte viel. Die Kinder mochten ihn vom ersten Moment an. Dabei war Sven alles andere als ein »cooler Typ«. Frisur, Brille und Kleidung waren unauffällig, um nicht zu sagen bieder.

Im Laufe der Wochen und Monate mussten die Eltern erkennen, dass ihre Kinder im Alltag den Manny ihnen vorzogen. Sie wunderten sich, warum das so war. Sie konnten sich nicht vorstellen, dass der stille Sven so interessant sein konnte.

Seine größte Qualität entdeckten die Eltern durch Zufall. Sven sollte am späten Nachmittag die Kinder zu einer Tante bringen,

die in der Nähe wohnte. Sie konnten zu Fuß hingehen. Dort gab es ein Familientreffen, die Eltern kamen direkt von einem beruflichen Termin dorthin.
Der Termin endete früher als erwartet. Die Eltern konnten Sven per Handy nicht erreichen und gingen deshalb nach Hause, um die Kinder selbst zu holen.
Unterwegs sahen sie Sven und ihre Kinder auf der anderen Straßenseite. Sie wollten schon rufen, verhielten sich dann aber ruhig und beobachteten sie.
Die drei waren viel zu früh von zu Hause aufgebrochen. Das war aber, wie sie erkannten, kein Zufall. Sven ließ die Kinder vor jedem Schaufenster stehen bleiben. Er zog sie nicht weiter, er mahnte nicht zur Eile. Sven hatte die Freude der zwei an der Langsamkeit eingeplant. Nicht nur an diesem Tag, sondern auch sonst im normalen Tagesablauf, wie sie später von ihm erfuhren.
Dies war ein wichtiger Grund dafür, dass die Kinder ihn so gerne mochten.

»

NIMM DIR ZEIT
ZUM STAUNEN UND ENTDECKEN.
HAB Mut zur
Langsamkeit.

«

Impuls

30

DENKANSTOSS

Schenke dir Langsamkeit

Unser Tag hat nur 24 Stunden und wir versuchen, so viel wie irgend möglich hineinzupacken.

- Es gibt eine Menge zu erledigen.
- Die Wege sind weit.
- Der Verkehr ist dicht.
- Busse und U-Bahnen sind voll.
- Stress auf allen Gebieten.

Die Glückskraft der Langsamkeit ist ein Geschenk, das nur wir selbst uns machen können.

»Unmöglich«, werden jetzt einige sagen. »Ich schaffe schon im Eilschritt nicht alles. Wenn ich langsam unterwegs bin, macht mich das verrückt.«
Traurig, aber wahr: Menschen, die im Alltag ständig unter Strom stehen, werden zu Beginn eines Urlaubs nicht selten krank. Der schlagartige Wechsel zwischen Hetze und erzwungener Ruhe ist dem Körper nicht zuträglich.
Langsamkeit hat nichts mit Faulheit zu tun, sondern mit Entschleunigung. Selbst wenn sie nur zehn Minuten am Tag bewusst angewandt wird, kann sie sehr zur Lebensfreude beitragen.

Impuls 30

Der sanfte Weg ist gesünder: Langsamkeit wohldosiert in den Alltag einbauen

Immer wieder aus dem Trubel des Alltags auszubrechen und sich diesen Luxus der Bewusstheit zu gönnen, ist für Geist, Herz und Kreislauf sehr zuträglich. Die Lebensfreude steigert es auf jeden Fall.

1 Hast du nicht doch die Möglichkeit, dir immer wieder mal ein paar Minuten oder vielleicht sogar eine halbe Stunde den Genuss der Langsamkeit zu gönnen?

2 Probiere einfach mal, etwas langsamer zu gehen und dabei wahrzunehmen, was um dich herum geschieht. Du wirst einiges entdecken, das dich erfreut oder staunen lässt, dir im Vorbeihasten aber nie aufgefallen ist.

3 Viele Menschen joggen, aber nicht alle sehen dabei unbedingt glücklich aus. Ein flotter Spaziergang kann den Kreislauf ebenfalls anregen. Auf diese Weise kannst du auch viel besser Bäume, Blumen und Menschen um dich herum wahrnehmen und bestaunen.

4 Ist das Wichtigste bei einer Wanderung das Erstürmen des Gipfels? Wie wäre es damit, sich Zeit zu nehmen und unterwegs mit den Händen die Kühle der Felsen, die Festigkeit der Baumstämme und die Frische von Quellwasser zu spüren.

5 Statt den Kaffee hinunterzuschütten, trinke ihn langsam und schmecke und genieße jeden einzelnen Schluck.

6 Auch beim Essen: Genießen, statt schlingen! Kaue jeden Bissen ausgiebig, spüre die Textur auf der Zunge, nimm den Geschmack bewusst wahr.

Impuls
31
LIEBE

ICH HAB DICH LIEB

Liebe ist die größte Kraft, die es für Menschen gibt. Nicht nur die zwischenmenschliche Liebe, sondern auch die Liebe zur Natur, zu Tieren, für bestimmte Tätigkeiten und für alles Schöne. Liebe lässt verstehen und verzeihen. Liebe verleiht uns innere Wärme und Leichtigkeit.

Kleine Kinder lieben bedingungslos. Ihr Lächeln, ihre Zärtlichkeit, ihre Zuneigung, ihr Anlehnungsbedürfnis, ihre Umarmungen sind Zeichen ihrer tiefen Liebe für die Menschen, die ihnen am nächsten sind.

Kindliche Liebe ist eine der größten Glückskräfte, über die wir verfügen. Je mehr wir auch als Erwachsene tief und vertrauensvoll lieben können, so wie damals als Kinder, desto wohler und geborgener werden wir uns im Leben fühlen.

Als Erwachsene fürchten wir Enttäuschungen. Daher erscheint es eine bessere Strategie, Liebe nicht zu sehr zu zeigen. Stattdessen legen wir lieber eine unsichtbare Rüstung an, die uns, wie wir meinen, vor Verletzung schützt.

*Tiefe, bedingungslose Liebe,
wie wir sie als Kinder empfinden,
ist ein Glücksmagnet. Sie wird
Liebe in unser Leben ziehen.*

Im Alltag hilft die Erinnerung an Momente der Liebe, die wir als Kinder erlebt haben. Mache dafür wieder eine kleine Reise in die Vergangenheit. Suche alte Fotos heraus, krame nach Erinnerungsstücken, die du mit schönen Erlebnissen oder bestimmten Menschen in deiner Kindheit verbindest. Nimm dir Zeit dafür und schau dir die Fotos und die Gegenstände, die du findest, in Ruhe an. Lasse Erinnerungen aufsteigen und die Gefühle von damals wieder erwachen.

Wenn wir uns nur einen einzigen Glücksmoment von damals vor Augen rufen und ihn tief in uns fühlen können, ist er von nun an wie ein Anker der Liebe.

Diese unverfälschte, unbelastete Liebe in uns wieder zu erwecken, bringt Trost und Stärke in Zeiten, wenn uns das Leben kalt und grau erscheint.

Als Kinder sagen wir nicht »Ich liebe dich!«, sondern »Ich hab dich lieb!«. Die Zärtlichkeit dieses Satzes verliert auch im Leben als Erwachsener nicht ihre Wirkung.

Impuls 32 DENKANSTOSS

EINZIGARTIG

Dein Fingerabdruck

Bisher wurden keine zwei Menschen mit demselben Fingerabdruck gefunden. Selbst eineiige Zwillinge mit identischem Erbgut haben unterschiedliche Linien. Es ist unmöglich, deinen Fingerabdruck zu verändern.

Du

Es fällt uns oft schwer, unsere Einzigartigkeit zu schätzen. Wir sehen sie als Schwäche und wollen lieber so sein wie andere. Wir beneiden Menschen um ihr Auftreten, ihr Talent oder ihr Lebensglück.

Nicht selten beneiden uns genau diese Menschen um unsere Einzigartigkeit, die wir selbst an uns ablehnen.

Impuls
33
DENKANSTOSS

Die Glückskraft ist wie dein Fingerabdruck

Babys und Kleinkinder haben bereits völlig unterschiedliche Vorlieben. Das weist darauf hin, dass jeder Mensch eine individuelle, innere Glückskraft besitzt.
Augenfarbe, Haarfarbe, Körpergröße, Intelligenz und Temperament werden zumindest teilweise von unseren Genen bestimmt. Beim Lebensgefühl, das uns das größte Wohlbehagen bringt, kann es doch genauso sein.
Die persönliche Glückskraft spüren wir in den Momenten, in denen wir eins mit uns selbst sind. Beim Denken, Sprechen, Handeln und in der Begegnung mit anderen Menschen. Den Einklang mit der Welt und dem Leben können wir viel besser erreichen, wenn wir herausfinden, wie wir innerlich schwingen.

WAS MACHT UNS WIRKLICH GLÜCKLICH?

- Das kleine Kind, das wir waren, kannte keinen gesellschaftlichen Status.
- Geld war egal.
- Bei Kleidung war es wichtig, dass sie weder gezwickt noch gekratzt hat.
- Wir haben uns nicht mit anderen verglichen.
- Wir haben gespielt, weil es uns Spaß gemacht hat.
- Wir haben aus Freude getobt und sind zum Spaß gelaufen, nicht aus schlechtem Gewissen, uns mehr bewegen zu müssen.

Als wir Kinder waren, sind wir bei unserem Lieblingsspiel in den Flow geraten. Das ist der Zustand, bei dem die Welt rundherum zu versinken scheint und es keine Zeit mehr gibt. Wir sind eins mit der Tätigkeit, die uns zutiefst befriedigt.

Das Kind, das wir einmal waren, kann uns den Weg zu tiefer Freude im Leben weisen.

Impuls
33

DER GLÜCKSKOMPASS DER DRILLINGE

Wie individuell die Richtung ist, in die der Glückskompass zeigt, mag das Beispiel von Drillingen beschreiben, die ich einmal im Tiergarten beobachten konnte.
Die Eltern schoben einen dreisitzigen Buggy und versuchten, ihre Kinder für Tiere zu begeistern.
Das Interessante: Nur ein Kind interessierte sich tatsächlich für die Tiere in den Gehegen. Das zweite Kind faszinierten viel mehr die kleinen E-Cars, die die Mitarbeiter des Zoos benutzten. Das dritte Kind sah vor allem andere Leute an und strahlte ihnen entgegen. Jedes Lächeln, das zurückkam, machte das Kind glücklich.

Drei Kinder.
Am gleichen Tag geboren.
Die gleichen Eltern.
Trotzdem macht sie völlig
Unterschiedliches glücklich.

Impuls

34

LEIDENSCHAFT

Der Glückskompass in Aktion

Wer als Erwachsener einer Tätigkeit nachgeht,

- die die meiste Zeit als erfüllend empfunden wird,
- die herausfordert,
- für die man jeden Tag gerne aufsteht,

ist seinem inneren Glückskompass gefolgt.

Der Umkehrschluss ist daher: Wenn du mit deiner täglichen Beschäftigung weniger zufrieden bist, kannst du Hinweise darauf, was dich glücklicher machen würde, durchaus von dem Kind bekommen, das du einmal warst. Es gilt herauszufinden, in welche Richtung die Nadel des Glückskompasses damals gezeigt hat.

Leidenschaft fürs Kochen

Der Sohn einer befreundeten Familie liebte als Kind Gewürze. Er roch an allen Dosen im Gewürzschrank und bald konnte er jedes Gewürz am Geruch erkennen. Auch hat er schon als Kind gerne gekocht. Nach Abschluss der Schule entschied er sich wegen der Einkommenschancen für ein Wirtschaftsstudium. Er arbeitete in verschiedenen Berufssparten, fand aber nirgendwo Erfüllung. In einem Gespräch mit seinen Eltern kam die Begeisterung für Gewürze zur Sprache. Kurz darauf stieß er auf ein Job-Angebot als Manager in einem sehr guten Restaurant. Inzwischen leitet er das Restaurant mit großem Erfolg und vor allem mit viel Leidenschaft.

Impuls
34

Leidenschaft für Geschichten

Ein Lektor, mit dem ich immer wieder zusammenarbeite, hat sich schon in seiner Kindheit für Figuren und Geschichten interessiert. Seine Großmutter erzählt, er habe nicht nur gelauscht, sondern ständig Fragen zu den Motiven der Personen und ihren Beziehungen zueinander gestellt. Fehler in Geschichten sind ihm sofort aufgefallen. Schon damals war er ein sehr korrektes Kind. Diese Haltung ist ihm geblieben. Er ist seinem Interesse und seiner Begeisterung immer gefolgt.

Leidenschaft für Technik

Mein Vater konnte bereits als Kind Geräte zerlegen und wieder zusammensetzen. Technik hat ihn immer fasziniert. Studiert hat er aber Medizin. Er wollte Menschen heilen. Seine Leidenschaft für Technik hat ihn kurze Zeit zweifeln lassen, den richtigen Beruf ergriffen zu haben. Schließlich entschied er sich für die Facharztausbildung in Radiologie: die perfekte Mischung aus seinem Bestreben zu heilen und seiner Begeisterung für alles Technische. Er hatte ein erfülltes und erfolgreiches Leben.

Impuls
35
ÜBUNG

Kindheit und heute – ein kleiner Test

Wie spielerisch fühlt sich dein Leben an?

Bewerte es auf einer Skala von 0 (= gar nicht) bis 10 (= außergewöhnlich stark)

○ ○ ○ ○ ○ ○ ○ ○ ○ ○ ○
0 1 2 3 4 5 6 7 8 9 10

Was hast du früher am liebsten gespielt?
Gibt es heute in deinem Leben etwas von diesem Spiel?

Was hat dich als Kind am meisten interessiert?
Sind deine Interessen von damals auch heute noch vorhanden?
Haben sie Eingang in deine Tätigkeiten im Beruf oder in der Freizeit gefunden?

Wann hat sich das Leben als Kind für dich am besten angefühlt?
Wann fühlt es sich heute am besten an?

Bei welcher Beschäftigung ist die Zeit für dich als Kind nur so verflogen?
Bei welcher Tätigkeit verfliegt die Zeit heute für dich?

Impuls
36
DENKANSTOSS

Die Saite in unserem Inneren

Zurück zu den Drillingen.

- Eines der drei Kinder begeistert sich für Tiere.
- Das andere ist fasziniert von Geräten.
- Das dritte interessiert sich für Menschen.

Die Eltern erzählen, dass die drei Kinder auch in ihrem Verhalten völlig unterschiedlich sind.

- Das Mädchen ist unerschrocken, aber eher ernst.
- Ein Bruder lacht und strahlt, wird aber leicht ängstlich.
- Der andere Bruder singt gerne vor sich hin und kann sich lange mit sich selbst beschäftigen.

Jedes der drei Kinder gibt sich auf natürliche Weise so, wie es der Saite in seinem Inneren entspricht. Die Kinder lassen diese Saite schwingen, sodass sie den richtigen Ton für ihr persönliches und eigenes Leben erzeugt.

Unser ganz persönliches Lebensgefühl, das wir als glücklich, erfüllt und angenehm empfinden, wird bestimmt durch eine Mischung aus Neigungen, Interessen und Talenten und dem Klang der inneren Saite.

Kinder fühlen den Klang ihrer Saite und verhalten sich danach, ohne sie zu analysieren oder zu zerdenken. Die Schwingung bestimmt ihr Wohlgefühl mit sich und der Umwelt.

Impuls
37
GESCHICHTE

DEIN UREIGENES LEBENSGEFÜHL IST WIE EIN FUSS – ES BRAUCHT DIE PASSENDEN SCHUHE

Unsere Neigungen, unsere Interessen, unsere Talente und die Schwingung unserer inneren Saite prägen unser Lebensgefühl. Sie formen die Füße, mit denen wir durch das Leben gehen.
So wie unsere Füße, auf denen wir laufen, haben auch die Füße unseres Lebens eine bestimmte Form. Tragen wir die falschen Schuhe, besteht die Gefahr von schmerzhaften Blasen und Hühneraugen.
Die Schuhe des Lebens sind unsere Beschäftigungen, unser Job, unsere menschlichen Beziehungen, unser Auftreten, unser Verhalten, unsere Lebensweise, unser Denken und unsere Ausdrucksweise. Die Frage, die wir uns stellen sollten, lautet:

Passt der Schuh an meinen Lebensfuß? Oder zwänge ich mich in Schuhe, die Schmerzen bereiten?

Kinder werden durch den inneren Kompass von allein in die Richtung gelenkt, die für sie gut ist. Nur so ist es zu erklären, dass jeder der Drillinge im Tiergarten dorthin blickt, wo seine wahre Neugier befriedigt wird.
Die innere Saite hat bei allen dreien eine andere Länge und einen anderen Klang. Während die Schwester Ernsthaftigkeit schätzt und neue Reize und Erfahrungen, fühlt sich ihr Bruder in Geborgenheit und Sicherheit wohler. Die Saite des anderen Bruders wird durch Ruhe und Klarheit am besten zum Schwingen und Klingen gebracht. Alle drei haben also ihre eigenen Neigungen, Talente und Interessen, und bei allen lösen unterschiedliche Dinge ein Wohlgefühl aus.
Bei uns Erwachsenen ist es genauso. Aber während wir als Kinder auf natürliche Weise das tun, was uns entspricht, was mit dem Klang der inneren Saite im Einklang steht, meinen wir später, wir sollten »anders« werden, weil es »besser« wäre. Es braucht Mut, auf das, was in uns steckt, zu vertrauen. Und es braucht Kraft, daraus das Beste zu machen.

Impuls
37

Wenn wir als Teenager bei einer Clique dazugehören wollen, obwohl deren Verhalten in uns Unbehagen erzeugt, dann zwängen wir uns in Schuhe, die zu eng sind. Wir versuchen, unseren Fuß dem Schuh anzupassen, weil er uns schick erscheint. Auf Dauer tut das nicht gut.
Es gehört zur menschlichen Natur, sich diese Schmerzen anzutun. Die Folge sind Druckstellen, Blasen, verkrümmte Zehen, Stolpern oder Hinken. Mit Glücksgefühl hat das nichts zu tun.

Wenn wir uns glücklich und erfüllt fühlen wollen, müssen wir dem Fuß unseres Lebensgefühls Beachtung schenken.

Ein Beispiel aus meinem Leben

Als Kind war ich zurückgezogen, in mich gekehrt und habe mich in größeren Gruppen nicht wohlgefühlt. Außerdem fand ich Menschen, die älter waren als ich, interessant.

Meine durchaus wohlmeinenden Eltern dachten, ich sollte mehr Kontakt zu Gleichaltrigen haben. Obwohl sie selbst große Feste und Partys mieden, drängten sie mich, keine Einladung auszulassen.

Als Erwachsener hatte ich oft das Gefühl, ich würde wichtige berufliche Chancen versäumen, wenn ich nicht zu öffentlichen Veranstaltungen ging und »mich sehen ließ«. Ich hatte auch Angst vor Einsamkeit, weil ich kein Partygänger war und nur einen kleinen Freundeskreis hatte.

Heute weiß ich, dass ich die Zurückgezogenheit und Ruhe brauche. Sie ist ein wichtiger Teil meines Lebens. Zu öffentlichen Anlässen gehe ich nur, wenn ich mit dem Anlass oder den Gastgebern verbunden bin. Mein Freundeskreis ist klein, aber sehr herzlich. Small Talk ist für mich Zeitverschwendung. Mit Menschen offen und ehrlich zu reden, ist ein Geschenk.

Impuls
37

Den Klang meiner inneren Saite habe ich angenommen und ich empfinde ihn nicht mehr als Makel, sondern als meinen persönlichen Ton des Wohlklangs mit mir selbst.

Oft vertrauen wir unseren Füßen weniger als fremden Schuhen, die nicht für uns geeignet sind.

Schuhe der richtigen Marke wählen

Für Verdienst, Position, Status und Ansehen sind wir bereit, Schuhe der Marken Erschöpfung, Überarbeitung und Dauerstress anzuziehen.
Auch in der Freizeit zwängen wir Erwachsene uns manchmal in Schuhe, die unseren Lebensfüßen gar nicht passen. Wozu Golf spielen, wenn sich dabei kein Flow einstellt? Nur weil Geschäftspartner auch Golf spielen? Wozu laufen, wenn es nur als anstrengend und schmerzhaft empfunden wird? Vernunftgründe sind auf Dauer nicht genug und werden uns diese Art von Bewegung bald wieder aufgeben lassen.
Leidenschaftliche Golfspieler und Läufer, deren Glückskompass zu diesen Sportarten zeigt, haben nie einen verkrampften Gesichtsausdruck, wenn sie ihren Sport ausüben. Sie erleben dabei etwas von dem, was sie als Kinder beim Spielen empfunden haben.
Genauso ist es mit Partys und Einladungen, auf die wir eigentlich keine Lust haben. Es braucht Mut, abzusagen. Aber es ist ehrlich und wird uns auf Dauer auch glücklicher machen.

Impuls
37

Wenn wir glauben, etwas tun zu müssen, sind das die falschen Schuhe. – Natürlich sind alle lebensnotwendigen Tätigkeiten davon ausgeschlossen.

Schuhe, die für den Lebensweg passen, sind immer Schuhe der Marke Wollen.

»

DU GEHST LEICHTER DURCHS LEBEN, WENN DU DIE SCHUHE DER MARKE *Ich muss* AUSZIEHST, IN DENEN DU DIR DIE FÜSSE WUND GELAUFEN HAST.

WENN DU IN DEINEM LEBEN AN KREUZUNGEN KOMMST, WO DU DIE ABZWEIGUNG ZUR FREUDE FINDEN MÖCHTEST, ZIEHE SCHUHE DER MARKE *Ich will* AN.

«

Impuls
38
DENKANSTOSS

Wortwahl

Streiche bei allen Tätigkeiten, die nicht lebensnotwendig sind, folgende Wörter:

~~ICH MUSS~~

~~ICH SOLLTE~~

~~WEIL MAN DAS SO TUT~~

Verwende stattdessen viel öfter:

ICH WILL

Impuls 39 DENKANSTOSS

Konfetti der Kindheit, das Erwachsenentage bunter macht

Smiley-Toast

Jeder Morgen wird fröhlicher mit einem Smiley-Toast. Dafür mit dem Löffel ein Gesicht in die Toastscheibe drücken: zwei Augen und einen lachenden Mund. Dann den Toast in den Toaster geben – und der Smiley ist auf dem fertigen Toast wie aufgezeichnet zu sehen.

Ein rohes Ei schälen

Ein Hühnerei in ein Glas mit Essig legen. Das Ei muss ganz bedeckt sein. Ein paar Stunden später ist die Schale verschwunden und nur die Eihaut mit Eiklar und Dotter im Inneren übrig. Das Ei ist weich und sogar durchscheinend.

Wie kann man eine Rolle Toilettenpapier am schnellsten abwickeln?

Man legt in einem Flugzeug ein Ende der Klopapierrolle in die Toilette und drückt die Spülung. Weil nur wenig Flüssigkeit verwendet werden kann, ist die Spülung eigentlich ein starker Sauger, der das Papier blitzartig verschlingt.
Bitte nicht nachmachen ;-)

Wie weit kann man das Brüllen eines Tigers hören?

Mehr als einen Kilometer, bei guten Bedingungen bis zu zwei Kilometer weit.

Was haben eine Giraffe und eine Maus gemeinsam?

Die gleiche Zahl an Halswirbeln, nämlich sieben.

Hat der Tiger auch Streifen auf der Haut?

Ja, hat er. Ein rasierter Tiger hätte die gleichen Streifen, die er auf dem Fell trägt.

Büroklammer-Challenge

Ein Glas randvoll mit Wasser füllen. Nun vorsichtig Büroklammern hineinwerfen oder hineingleiten lassen. Wie viele Büroklammern passen hinein, bevor das Wasser überläuft? (Es sind sehr viele …)

Der magische Arm

Seitlich an eine Wand (oder einen Türstock) stellen und den Arm runterhängen lassen. Nun den Handrücken fest gegen die Wand pressen und bis 20 zählen. Danach von der Wand wegtreten und den Arm locker lassen. Er wird von allein nach oben wandern.

Lichtgeschwindigkeit

Die Lichtgeschwindigkeit beträgt 1,1 Milliarden Kilometer in der Stunde. Wie lange braucht das Licht von der Sonne zur Erde? Es sind ungefähr 8 ½ Minuten. Mit dem Auto bräuchte man für dieselbe Strecke ungefähr 150 Jahre.

Gummibärchen wachsen lassen

Ein Gummibärchen in ein Glas mit kaltem Wasser legen und über Nacht stehen lassen. Am besten im Kühlschrank. Am nächsten Morgen ist das Gummibärchen groß und dick geworden.

Was steht auf dem Grabstein eines Mathelehrers?

Damit hat er nicht gerechnet.

Was tun zwei wütende Schafe?

Sie kriegen sich in die Wolle.

Wie heißt ein weißes Mammut?

Na, Hellmut natürlich.

Impuls 40 Geschichte

AM STRAND

Emily zeichnet mit der großen Zehe Kreise in den feuchten Sand. Auf einem Bein hüpft sie von Kreis zu Kreis. Ihr Vater sitzt auf der Liege und starrt missmutig auf sein Handy. Der Bitcoin-Kurs hat sich verdoppelt. Wieso hat er nicht rechtzeitig gekauft?

Emilys kleiner Bruder Ralph erklärt seiner Schwester, dass die Kreise gefährliche schwarze Löcher seien. Wer hineinsteigt, verschwindet für immer. Die beiden trippeln auf Zehenspitzen zwischen den Kreisen herum und versuchen, sich gegenseitig hineinzuschubsen.

Ihre Mutter, die neben ihrem Mann unter dem Sonnenschirm liegt, schüttelt den Kopf. Sie betrachtet gerade das neue Posting ihrer »Freundin«. Schon wieder hat sie diesen Filter verwendet, der sie jünger aussehen lässt. Meint sie wirklich, man sieht das nicht?

Die Geschwister stampfen barfuß in die auslaufenden Wellen, damit das Wasser spritzt. Sie werden immer übermütiger. Beide lachen.

Die Eltern sind gereizt. Beide hatten in letzter Zeit viel um die Ohren. Jetzt geben sie sich gegenseitig die Schuld, dass sie die Sonnencreme im Hotel vergessen haben.

Ralph schubst Emily in ein »schwarzes Loch«. »Du hast verloren!«, jubelt er.

»Nicht wahr!«, protestiert Emily.

»Ich habe gewonnen!«

»Du bist gemein.«

Ein Streit bricht aus.

Der Vater öffnet den Mund, um die beiden zu ermahnen, friedlich zu sein. Die Mutter will rufen, dass es kein Eis gibt, wenn sie nicht auf der Stelle zu streiten aufhören.

Eine große Welle rollt an und spült die Zeichnung im Sand weg. Emily und Ralph flüchten kreischend zu den Eltern.

Das Wasser zieht sich zurück. Der Strand ist wieder glatt, wie ein neues Zeichenblatt. Die Geschwister rennen hin und springen mit beiden Beinen auf und ab. Der nasse Sand erzeugt ein lustiges Geräusch unter ihren Fußsohlen.

Der Vater wendet sich seufzend wieder einer Vorhersage des Bitcoin-Kurses zu. Die Mutter überlegt, ob sie den Filter für die Urlaubsfotos nicht auch ausprobieren soll.

Ihre Kinder lachen.

»Papa, baust du mit mir eine Sandburg?«, ruft Emily.

»Mama kann das besser. Mama, bau mit mir!«, ruft Ralph.

Beide Eltern öffnen den Mund.

Zwei Sekunden verstreichen.

Dann legen sie gleichzeitig das Handy weg und gehen zu den Kindern. Der Vater springt in die auslaufende Welle und spritzt alle nass. Eine Wasserschlacht beginnt. Es werden zwei Teams gebildet, die um die Wette Sandburgen bauen.

Die Eltern haben von ihren Kindern vorgeführt bekommen, wie frei und fröhlich das Leben sein kann. In einem Jahr ist der Bitcoin-Kurs dieses Tages längst vergessen. Genauso wie das geschönte Foto auf Instagram. Die Erinnerung an die ausgelassene Zeit am Strand aber bleibt der ganzen Familie.

Was für ein Glück die Eltern
mit ihren Kindern haben!

Impuls
41
ÜBUNG

Stell dir vor …

… du bist am Meer und stehst am Strand.
Was würde dir am meisten Spaß bereiten?
Ich mache dir hier ein paar Vorschläge.
Suche dir einen oder auch mehrere aus
und überlege dir eine Reihenfolge.
Dann stelle dir genau vor, wie es sich anfühlt,
wenn du all dies tust.

Über Wellen springen

In Wellen tauchen

Eine Sandburg bauen

Im nassen Sand springen

In den Sand zeichnen oder schreiben

Laut schreiend ins Meer rennen

Impuls
42
GESCHICHTE

Der Erste-Hilfe-Koffer der Freude

Eine Sammlung von Gegenständen und Bildern, die das Glück der Kindheit in uns erwachen lassen, ist wie ein Erste-Hilfe-Koffer für Erwachsene.
Der Alltag kann kühl, grau, leblos und eintönig erscheinen. Die Erinnerungsstücke bringen neues Licht, bessere Stimmung und ein warmes Gefühl ums Herz und im Bauch.

Erinnere dich an glückliche Momente deiner Kindheit. Welche Gegenstände oder Bilder stehen für sie?

Mein eigener Erste-Hilfe-Koffer enthält zum Beispiel ganz unterschiedliche Dinge.

Meine Teddybären

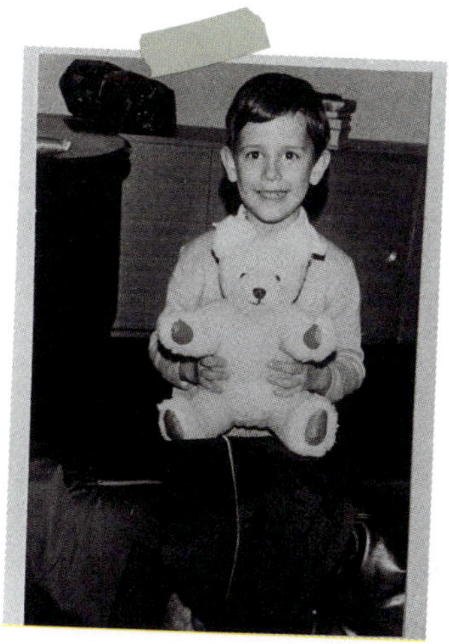

In meinem Arbeitszimmer sitzen meine beiden Teddybären. Als ich klein war, haben sie mir in der Nacht oft Sicherheit und Schutz gegeben. Es war so angenehm, sie im Arm zu halten. Wenn ich heute über das Fell streichle, kommen die Gefühle von damals wieder hoch: Geborgenheit, wenn ich mich allein gefühlt habe. Trost, wenn ich traurig war. Mir fällt ein Moment ein, als ich in der Nacht munter wurde. Die Dunkelheit war angsteinflößend. Ich habe mein Gesicht hinter dem weißen Teddybären versteckt und in die Nacht gespäht. Bald sind mir die Augen zugefallen.

Impuls 42

Ribiselmarmelade

An manchen Nachmittagen kam eine Nachbarin, um auf mich aufzupassen. Ihr Name war Frau Rode. Jeden Sommer kochte sie aus roten Johannisbeeren feines Gelee. Ich habe immer mehrere Gläser davon bekommen. Der saure, so typische Geschmack der Johannisbeeren – auf Österreichisch »Ribisel« – lässt die Erinnerungen an die langen Sommertage auftauchen. Das Lächeln von Frau Rode, wenn ich den ersten Löffel Gelee gekostet habe. Manchmal war ich in ihrem kleinen Sommerhaus zu Besuch und durfte im Kirschbaum klettern. Es war Freiheit und Abenteuer.

Meine Oma Martha, die ich so nenne, auch wenn sie gar nicht meine Oma ist, kocht jedes Jahr für mich mehrere Gläser Ribiselmarmelade. Der Geschmack lässt selbst den trübsten Morgen sonnig erscheinen.

Das Licht des Sommernachmittags

Manchmal haben wir eine Großtante auf dem Land besucht. Als ich vier Jahre alt war, musste ich mittags ein wenig schlafen. Dazu wurde ich auf das Bett der Großtante gelegt. Wenn ich nach einer Stunde munter wurde, waren die gelben Gardinen geschlossen. Sonnenstrahlen fielen darauf und ließen den Stoff golden leuchten. Es flogen Fliegen dagegen, ihr Brummen hatte etwas Beruhigendes. Von draußen kam das leise Gespräch der Erwachsenen. Ich fühlte mich sicher und bereit für neue Abenteuer.

Das Foto vom Kreuzfahrtschiff

Meine Eltern haben mit uns Kindern viele Schiffsreisen unternommen. Für mich war das eine aufregende Sache. Die vielen Eindrücke und das Leben an Bord waren für mich als Kind Glück, das ich oft mit einem spontanen Kuss für meine Mutter ausgedrückt habe. Ich war nicht der Mutigste, aber wenn sie in der Nähe war, konnte mir nichts geschehen.

Der Duft von Himbeeren mit Vanillepudding

Es müssen tiefgekühlte Himbeeren sein, die beim Auftauen viel Saft geben. In meiner Kindheit standen die gefrorenen Beeren in einer Glasschüssel vom Morgen an in der Küche, um langsam aufzutauen. Der Vanillepudding wurde frisch gekocht. Der Pudding mit den Himbeeren hat nicht nur gut geschmeckt, sondern auch herrlich geduftet. Wenn es ein ähnliches Dessert auf einer Speisekarte gibt, bestelle ich es immer und rieche daran. Was für wunderbare Erinnerungen.

Mein Baumhaus

Das Baumhaus war mein Rückzugsort. In einer Umhängetasche nahm ich eine Packung Chips, eine Flasche Limo und ein Buch mit und versteckte mich dort oben im Baum. Es war ein Platz zum Träumen, mein »Schloss« hoch oben über der Welt des Alltags. Auch wenn es nur aus ein paar Brettern bestand, war es mein ganzer Stolz.
Wenn ich mir vorstelle, wie damals den Baum hochzuklettern und mich auf die kleine Plattform zwischen den Ästen zu setzen, überkommt mich Ruhe und ein Gefühl von Sicherheit.

Dein Erste-Hilfe-Koffer der Erinnerungsstücke – was kommt hinein?

____

____

»

ERWACHSEN IST ES, ZUR
Bewältigung der Herausforderungen
KRAFT AUS DER INNEREN
QUELLE ZU SCHÖPFEN,
DIE SEIT KINDHEITSTAGEN
IN UNS SPRUDELT.

«

Impuls 43 Denkanstoss

Erwecke die Glückskraft der Kinder …

Versuche es jetzt. Tu es nicht morgen. Wirf die Zweifel, die erwachsene Menschen haben, einfach über Bord. Wähle etwas aus und tu es die nächste Stunde lang. Noch besser einen ganzen Tag. Aus welcher der Glückskräfte kannst du die meiste Freude schöpfen?

- **Staunen** – Es ist menschlich, das Großartige in Kleinigkeiten zu übersehen. Sieh dich um. Was gibt es zu bestaunen?
- **Direktheit, Offenheit** – Stelle dir vor, jedes Mal, wenn du etwas sagst, das du gar nicht meinst, ertönt eine Hupe. Was wäre jeweils ehrlich?
- **Fantasie** – Lass deine Gedanken wild werden. Stelle dir vor, ein Möbelstück wird lebendig. Oder ein Vogel landet vor dir und spricht. Oder …
- **Neugier** – Weißt du, wieso der Himmel blau ist? Welche Fragen beschäftigen dich schon lange? Finde Antworten.
- **Bedingungslose Liebe** – Liebe, ohne eine Gegenleistung zu erwarten. Verzichte auf jedes Aber.
- **Lachen** – Bitte jemanden, dich zum Lachen zu bringen. Oder sieh dir lustige Videos an. Oder lies Witze. Oder lache einfach nur so.
- **Weinen** – Gibt es etwas, das du beweinen möchtest? Verkneife dir die Tränen nicht länger. Vielleicht rührt dich ein Film zu Tränen. Lass sie fließen und löse damit den Kummer in deiner Brust.

Über den Autor

Thomas Brezina wurde mit mehr als 580 Büchern für Kinder und Jugendliche in vielen Ländern der Erde bekannt. Freude und Begeisterung in das Leben von Menschen zu bringen ist sein Ziel. Die Frage, wie wir ein erfülltes und glückliches Leben gestalten können, beschäftigt ihn seit vielen Jahren. Seine Erkenntnisse, die er selbst erfolgreich einsetzt, beschreibt er seit 2017 in seinen Ratgebern für Erwachsene, die allesamt auf den Bestsellerlisten gelandet sind. Über Lebensfreude erzählt Thomas Brezina auch in seinem wöchentlichen Podcast »Einfach glücklich – der 5-Minuten-Freudekick« sowie auf Instagram, TikTok und Facebook.

Instagram: @thomasbrezina
Facebook: www.facebook.com/thomasbrezinaofficial
TikTok: @thomasbrezina
Podcast: »Einfach glücklich – der 5-Minuten-Freudekick«; überall, wo es Podcasts gibt

Bücher von Thomas Brezina

Besser als du denkst: Eine Erzählung über Zuversicht. edition a

Blödsinn gibt's nicht: Wie wir Kinder fürs Leben begeistern. edition a

Die 7,7 Geheimnisse des Glücks: Dein Start in ein neues Leben nach COVID-19 und überhaupt. edition a

Die Bibel in Reimen. edition a

Die Freude Notfall Apotheke: 21 Dinge, die bei Freudemangel helfen. edition a

Erfolg ist, wenn du's trotzdem schaffst: Wie dich nichts und niemand stoppen kann. edition a

Liebesbrief an Unbekannt. edition a

Tu es einfach und glaub daran: Wie du mehr Freude in dein Leben bringst. edition a

Weitere Bücher

Brahm, Ajahn: *Der Elefant, der das Glück vergaß: Buddhistische Geschichten, um Freude in jedem Moment zu finden.* Lotos

Emberley, Ed: *Fingerabdruck, Punkt und Strich – Zeichenspaß auf Fingerabdrücken.* Edition Michael Fischer

Franckh, Pierre / Merten, Michaela: *Die 12 Glücksbringer.* Gräfe und Unzer

Grün, Anselm: *Das kleine Buch vom wahren Glück.* Herder

Grün, Anselm / Rogge, Jan-Uwe: *So große Gefühle!* Gräfe und Unzer

Peng + Hu: *HIRAMEKI. Der geniale Klecks- und Kritzelspaß.* Antje Kunstmann

LIEBE LESERINNEN UND LESER,

wir wollen Ihnen mit diesem Buch Informationen und Anregungen geben, um Ihnen das Leben zu erleichtern oder Sie zu inspirieren, Neues auszuprobieren. Wir achten bei der Erstellung unserer Bücher auf Aktualität und stellen höchste Ansprüche an Inhalt und Gestaltung. Alle Anleitungen und Rezepte werden von unseren Autoren, jeweils Experten auf ihren Gebieten, gewissenhaft erstellt und von unseren Redakteur*innen mit größter Sorgfalt ausgewählt und geprüft.

Haben wir Ihre Erwartungen erfüllt? Sind Sie mit diesem Buch und seinen Inhalten zufrieden? Wir freuen uns auf Ihre Rückmeldung. Und wir freuen uns, wenn Sie diesen Titel weiterempfehlen, in Ihrem Freundeskreis oder bei Ihrem Online-Kauf.

Sollten wir Ihre Erwartungen so gar nicht erfüllt haben, tauschen wir Ihnen Ihr Buch jederzeit gegen ein gleichwertiges zum gleichen oder ähnlichen Thema um.

KONTAKT ZUM LESERSERVICE

GRÄFE UND UNZER VERLAG
Grillparzerstraße 12
81675 München
www.gu.de

Impressum

GU ist eine eingetragene Marke der GRÄFE UND UNZER VERLAG GmbH, www.gu.de

ISBN 978-3-8338-8325-5
1. Auflage 2022

Projektleitung:
Stella Schossow
Lektorat:
Annette Gillich-Beltz
Bildredaktion:
Nele Schneidewind
Umschlaggestaltung und Layout: Bettina Stickel, ki 36 Editorial Design, München
Herstellung:
Susanne Fuhrmann
Satz: Uhl + Massopust, Aalen
Repro: Longo AG, Bozen
Druck & Bindung:
DZS Grafik, Slowenien

Bildnachweis

Coverfoto: plainpicture und Adobestock
Alle Illustrationen von Claudia Klein http://www.claudiaklein.net/
S. 74 und 131 Claudia Klein und Pexels, S. 10, 46, 47, 78 Claudia Klein und Pixabay; Getty Images: S. 2, 5, 16, 22, 25, 40, 44, 48, 52, 55, 56, 63, 93, 94, 100, 105, 107, 108, 109, 118, 120, 124; Privat: S. 27, 28, 29, 135, 137; Lukas Beck: Autorenfotos (Cover, S. 142)

Syndication:
www.seasons.agency

Ein Unternehmen der
GANSKE VERLAGSGRUPPE